Ulrike Kaup

Pferdegeschichten

Mit farbigen Bildern
von Milada Krautmann

W0073869

Ulrike Kaup
wurde 1958 in Gütersloh geboren.
Sie studierte Germanistik und Sozialwissenschaften
in Münster. Danach ging sie ins Ausland und lebte
unter anderem ein halbes Jahr in Australien.
Sie ist Realschullehrerin und schreibt Kinderbücher.

Milada Krautmann
hat ihre künstlerische Ausbildung an der
Kunstgewerbehochschule in Prag sowie in Brüssel
und Paris erhalten. Seitdem malt und zeichnet sie
für Werbeagenturen und Buchverlage.
Zahlreiche Kinder- und Jugendbücher sowie Tier-
und Sachbücher sind von ihr illustriert worden.

In neuer Rechtschreibung

4. Auflage 2002
© Edition Bücherbär im Arena Verlag GmbH, Würzburg 2001
Alle Rechte vorbehalten
Einband und Illustrationen: Milada Krautmann
Gesamtherstellung: Westermann Druck Zwickau GmbH
ISBN 3-401-08124-1

Inhalt

Mama will auch mal reiten

Leas Mama kann alles ganz gut.
Sie kann kochen wie ein Weltmeister,
schimpfen wie ein Rohrspatz
und tanzen wie der Teufel.

Sie kann mit den Ohren wackeln
wie eine vom Zirkus
und lachen, dass die Wände wackeln.

10

Wenn Lea lacht,

wackelt nur ihr kleiner Bauch.

Und das merkt keiner außer Lea.

Aber einmal, da kann Mama

etwas nicht ganz gut.

Da sind Mama und Lea

auf dem Ferienhof „Felix".

Es ist gerade Reitstunde

und Lea darf auf

ihrem Lieblingspony

Sternchen reiten.

11

Ein großes Mädchen, das Nicole heißt,
führt das Pony immer in die Runde.
Als Sternchen dann
in einen leichten Trab fällt,
hopst Lea hoch und runter,
hoch und runter.
In ihrem Bauch kribbelt
und kitzelt es.

Beim Absteigen lacht sie immer noch.
„Das muss ja wirklich
einen Mordsspaß machen!",
sagt Mama und freut sich mit Lea.

12

„Wenn Sie wollen,
dürfen Sie auch mal!",
sagt Nicole zu Mama.
Sie hält jetzt ein dickes
braunes Pony am Halfter.
„Das ist Fritz", sagt sie.
„Der ist ganz geduldig."

Mama zögert noch einen Moment.
Da sagt Lea ganz stolz:
„Meine Mama kann alles.
Reiten bestimmt auch!"

13

Wie soll Mama jetzt noch Nein sagen?
Sie geht auf Fritz zu,
als wolle sie ihm das Reiten beibringen.

Beim Aufsteigen
nimmt Mama fast Anlauf.
„Hüa!", ruft sie
und stößt dem Pony
leicht die Fersen in die Seiten.
Sofort läuft Fritz los.
Nicole muss mitlaufen.

Mama ist stolz, dass
Fritz ihr gleich gehorcht.
Sie schnalzt mit der Zunge,
um Fritz anzufeuern.
Sie traben.
Nicole kommt kaum noch mit.

Und Mama lacht sich
krumm und schief.
Nach der vierten Runde
hat Mama genug.
„Brrr!", ruft sie.
Und noch mal: „Brrr!"
Aber Fritz stoppt nicht.
Ganz im Gegenteil.

Er galoppiert durch
das offene Gatter
über die Wiese
immer in Richtung Teich.
Nicole muss das Halfter loslassen,
um nicht zu stolpern.

Erschrocken läuft sie
mit den anderen Feriengästen
hinter Fritz her.

Mama hält sich mit beiden Händen
in der dicken Ponymähne fest.
Doch sie rutscht immer mehr zur Seite.
Ein Mann ruft: „Fallen lassen,
nach hinten fallen lassen!"
Mama sieht das Wasser
auf sich zukommen.
„Hilfe!", schreit sie.
Aber da ist es schon passiert.

16

Mit einem lauten Platsch
landet Fritz im Wasser.
Wild schnatternd,
fliegen Enten auf.
Lea und die anderen Kinder
kommen aufgeregt angelaufen.

Mama watet langsam ans Ufer
und zieht sich grüne Fäden
aus dem Haar.
Alle starren sie besorgt an.
Auch Lea.

„Was ist denn mit euch los?",
fragt Mama.
„Habt ihr noch nie
eine Wassernixe gesehen?"
Und schon lacht sie wieder und ruft:
„Mach ein schönes Foto von mir, Lea!
Schließlich bade ich nicht jeden Tag
mit einem Pony."

18

Opa hat eine gute Idee

Es schneit.
Dicke weiche Flocken
tanzen vor Dianas Gesicht.
Sie steht an der Bushaltestelle
und wartet.
Vereinzelt kriechen Autos vorbei.
Im Schneckentempo.

Wo nur der Schulbus bleibt?
Schon vor acht Minuten
hätte er da sein müssen.

Die anderen Kinder freuen sich schon,
dass der Bus heute
vielleicht gar nicht kommt.
Oder dass sie heute
wenigstens zu spät
in die Schule kommen.
Diana freut sich auch
über den Schnee.
Aber gerade heute
will sie unbedingt zur Schule.
Heute hat nämlich Simon Geburtstag.
Simon, der süßeste Junge
der ganzen Schule.

Diana schnappt sich ihre Schultasche
und läuft den Feldweg
zurück nach Haus.
Direkt in die Küche zu Opa.

20

„Kannst du mich
in die Schule bringen?",
fragt sie.
„Der Bus ist nicht gekommen."

„Das geht nicht",
sagt Opa.
„Ich habe noch
keine Winterreifen aufgezogen.
Da musst du wohl laufen."
„Das dauert ja Stunden",
sagt Diana.
„Hm", sagt Opa nachdenklich.
„Dann bleibt nur Klara."
„Klara?", fragt Diana erstaunt.

21

„Du meinst,
ich soll zur Schule reiten?"
„Warum denn nicht?",
sagt Opa. „Ganz früher,
als es noch keine Autos gab,
sind die Leute auch geritten."

Dann stapft er
durch den frischen Schnee
und sattelt die alte Fuchsstute.
Diana verstaut Bücher und Hefte
in der einen Satteltasche.
In die andere
stopft sie die Pferdedecke.

22

Schließlich soll Klara nicht frieren,
wenn sie vor der Schule wartet.

Diana zieht noch die Kapuze
über ihre Mütze, sitzt auf
und Klara trabt gemütlich los.
Aus ihren Nüstern
fliegen weiße Wölkchen
in die frische Morgenluft.

Der Baggersee
glitzert in der Wintersonne
und die Straße
liegt ruhig und verlassen da.

Jetzt erst fällt Diana auf,
wie laut es morgens im Schulbus ist.
Alle drängeln und versuchen
einen Platz zu ergattern.
Einige lernen noch schnell
etwas auswendig,
andere können kaum stehen.
So müde sind sie.
Wie schön es doch ist,
hoch oben auf Klaras Rücken zu sitzen
und sich den frischen Wind
um die Nase wehen zu lassen.

Diana ist ganz in Gedanken.
Da merkt sie erst gar nicht,
dass ein Geländewagen
mit Schneeketten
an ihr und Klara vorbeifährt.
Der Wagen hält an.
Die Beifahrertür geht auf
und ein blonder Junge
mit blauer Mütze steigt aus.
Simon!

Ehe Diana etwas sagen kann,
fragt Simon: „Kann ich
das letzte Stück zur Schule
mit dir reiten?"

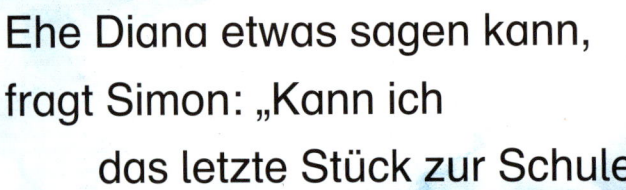

Diana nickt.
Simon klettert auf Klara
und setzt sich hinter Diana.
„Halt dich an mir fest!", sagt sie.
Simon schlingt seine Arme um Diana
und Klara setzt ihren Weg fort.

„Was ist mit deiner Schultasche?“,
fragt Diana nach einer Weile.
„Die bringt meine Mutter
mit dem Auto“, sagt Simon.
Dann sagen sie nichts mehr.
Zum Gratulieren ist in der Schule
noch Zeit genug.

Nele und das dicke Pferd

Warum wollen Erwachsene
eigentlich immer im Grünen wohnen?
Nele versteht nicht,
warum Mama und Papa unbedingt
aus der Stadt wegziehen wollten.
In der Stadt konnten sie überall
so schön zu Fuß hingehen.
Zur Skaterbahn, zum Kino,
zur Eisdiele und zu
Neles Freundin Kati.

28

Zu Kati muss Mama sie jetzt
sogar mit dem Auto hinbringen.
Und zur Schule
muss Nele den Bus nehmen.

Zum Glück sind erst mal Sommerferien.
Da fährt Nele den ganzen Tag
mit dem Fahrrad herum.
Die Gegend erkunden.
Durch das Wäldchen
zum alten Klostergarten,
an Erdbeerfeldern vorbei
und an Wiesen,
auf denen Kühe grasen.
Oder Pferde.

Einmal, als Nele Pause macht,
setzt sie sich ins Gras
und guckt ein bisschen in die Luft.
So lange,
bis das dicke, hellbraune Pferd antrabt.
Es streckt den Kopf über den Zaun
und nickt,
als wolle es Nele Guten Tag sagen.

Da erzählt Nele
dem dicken Pferd einfach alles.
Von all dem Umzugsschlamassel.
Und das dicke Pferd schaut sie
mit seinen dunklen Augen an
und hört zu.
Und manchmal schnaubt es auch
oder schüttelt seine
lange, helle Mähne.

Nele nennt das dicke Pferd Sandy,
weil sein Fell sandfarben ist.
Jedes Mal wenn Nele
jetzt mit dem Rad klingelt
und nach Sandy ruft,
kommt das Pferd sofort angelaufen.
Vielleicht weiß es auch,
dass Nele Möhren und Äpfel mitbringt.

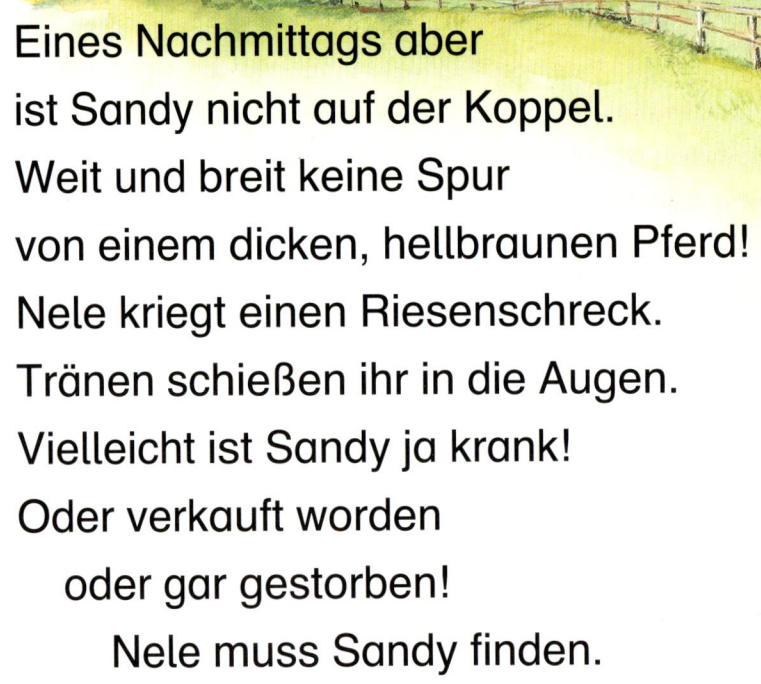

Eines Nachmittags aber
ist Sandy nicht auf der Koppel.
Weit und breit keine Spur
von einem dicken, hellbraunen Pferd!
Nele kriegt einen Riesenschreck.
Tränen schießen ihr in die Augen.
Vielleicht ist Sandy ja krank!
Oder verkauft worden
oder gar gestorben!
Nele muss Sandy finden.
Sie springt auf ihr Fahrrad
und rast los. In der Ferne
sieht sie einen Bauernhof.
Ein Feldweg führt dort hin.
Nele ist ganz verschwitzt
und außer Atem,
als sie schließlich
in den Hof einbiegt.

Niemand ist zu sehen.
Da hört sie ein leises Wiehern.
Das kam doch
aus dem Stall gegenüber!
Nele überlegt nicht lange.
Sie stellt ihr Fahrrad ab.
Die Stalltür ist nur angelehnt.
Vorsichtig wirft Nele
einen Blick hinein.

Sie entdeckt Sandy sofort.
„Da bist du ja!",
ruft sie erleichtert.
Jetzt sieht sie auch das Fohlen.
Sandfarben wie seine Mutter
und noch ganz wackelig
auf den Beinen.

„Kein Wunder, dass du so dick warst!",
sagt Nele und reibt zärtlich ihre Wange
an dem warmen Pferdehals.

„Freya war wirklich sehr dick!",
sagt da plötzlich jemand.
Ein Mädchen in Reithosen
schaut Nele freundlich an.
„Aber jetzt hat sie es geschafft!",
sagt das Mädchen
und streicht dem Fohlen zärtlich
über den Rücken.

34

Und dann erzählt sie Nele alles
über die Geburt.
„Mein Vater und ich
waren fast die ganze Nacht
bei Freya und dem Fohlen.
Jetzt brauchen wir nur noch
einen schönen Namen."
„Ich weiß einen", sagt Nele da.
„Sandy!"

Ein neuer Name für „Flinkes Wiesel"

Der Wind steht gut.
Flinkes Wiesel kann sich heute
ganz nah heranschleichen
an die Herde.
Seit vielen Monden schon
beobachtet Flinkes Wiesel
das Treiben der Wildpferde.
Er kennt ihre Gewohnheiten
und ihre Lieblingsplätze.

36

Den Leithengst hat Flinkes Wiesel
besonders ins Herz geschlossen.
Ein kraftvoller Schecke.
Mit weißen Flecken auf rotbraunem Fell,
das jetzt in der Abendsonne leuchtet.
Wie die Blätter des Ahorn,
wenn es Herbst wird.

Gerade will Flinkes Wiesel ins Dorf
zurückreiten, da sieht er die Männer.
Es sind Indianer.
Männer seines Stammes.
Mit schwingenden Lassos stürmen sie
auf die friedlich grasende Herde zu.
Die Tiere versuchen zu fliehen.

Der Leithengst aber
will seine Herde schützen.
Er rollt den Kopf ein,
richtet den Schweif auf
und stellt sich den Männern entgegen.

38

„Lauf weg, Leuchtender Ahorn!",
schreit Flinkes Wiesel.
„Lauf, lauf!"
Aber die Männer sind gute Reiter.
Sie kreisen den Hengst ein.
Immer enger.
So lange, bis der Hengst
in der Falle sitzt.
Schweißnass ist sein Fell
und seine Flanken beben.

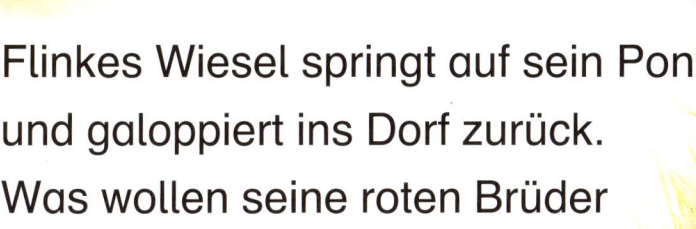

Flinkes Wiesel springt auf sein Pony
und galoppiert ins Dorf zurück.
Was wollen seine roten Brüder
mit den Pferden?

39

Lange findet Flinkes Wiesel keine Ruhe
auf seiner Schlafmatte.

Am nächsten Tag kommen
weiße Männer in das Dorf.
Häuptling Weiser Bär
begrüßt die Bleichgesichter,
wie man Freunde begrüßt.
Sie bringen Waffen, die sie gegen
Pferde und Felle tauschen wollen.
Weiser Bär verhandelt mit ihnen
vor seinem Tipi,
bis sie sich einig sind.

Zwei Männer des Dorfes
führen die gefangenen Pferde zum Tipi.

Wutschnaubend
versucht Leuchtender Ahorn
den Kopf aus der Schlinge zu ziehen.
Flinkes Wiesel fühlt, wie sein Herz
hart gegen seinen Brustkorb hämmert.
Leuchtender Ahorn
darf nicht eingetauscht werden!
Die weißen Männer
werden ihm einen Sattel auflegen
und mit ihren Gerten
werden sie ihn lehren,
dass es besser ist,
den weißen Männern zu gehorchen.

Flinkes Wiesel rennt
in das Tipi seiner Mutter.
Als er wieder herauskommt,
hält er einen kleinen
Lederbeutel in der Hand.
Den Lederbeutel,
den ihm sein Vater geschenkt hat,
bevor er in die ewigen
Jagdgründe gezogen ist.

„Flinkes Wiesel will auch
mit den weißen Männern tauschen",
sagt er.
„Einen Beutel Gold
für den Hengst!"
Die Bleichgesichter
überlegen nicht lange
und stecken das Gold ein.

42

Flinkes Wiesel geht langsam
auf den Hengst zu
und spricht leise mit ihm.
Seine Worte klingen zärtlich.
Dann löst er die Schlinge.

43

Der Hengst wiehert laut
und galoppiert davon.
Weiser Bär legt seinen Arm
um Flinkes Wiesel.
„Mein roter Bruder hat dem Hengst
ein großes Geschenk gemacht",
sagt er.
„Er hat ihm seine Freiheit
wiedergegeben.
Von heute an soll mein Bruder
einen anderen Namen tragen:
Der-mit-den-Pferden-fühlt."

44